# Zacharias und Elisabet



Reihe: Was uns die Bibel erzählt

In der Tür steht Elisabet.
Sie schaut ihrem Mann Zacharias nach.
Zacharias winkt seiner Frau.

Er ruft: Auf Wiedersehen!
Zacharias und Elisabet haben keine Kinder.

Zacharias geht in die Stadt Jerusalem.
In Jerusalem steht das Haus Gottes,
der Tempel.
Vor dem Tempel sind schon viele Menschen.
Sie wollen dort beten.
Sie warten auf Zacharias.
Zacharias ist ein Priester.

Zacharias geht in den Tempel.
Heute hält Zacharias den Gottesdienst.
Er nimmt glühende Kohlen mit.
Im Tempel steht der Altar.
Auf dem Altar zündet Zacharias Weihrauch an.

Plötzlich steht da ein Engel.
Der Engel sagt:
Zacharias, du bekommst einen Sohn.

Er soll Johannes heißen.
Johannes soll den Menschen sagen:
Jesus, der Heiland, kommt bald!

Zacharias sagt zu dem Engel:
Meine Frau und ich sind zu alt.
Wir bekommen keine Kinder
mehr.
Der Engel sagt zu Zacharias:
Gott hat es gesagt.
Gott tut, was er sagt.
Du glaubst es nicht.
Deshalb kannst du jetzt nicht
mehr sprechen.

Vor dem Tempel warten
die Leute.
Endlich kommt Zacharias.
Zacharias breitet die Arme
aus.
Er will den Segen sagen.
Aber er kann nicht mehr
sprechen.

Zacharias ist wieder daheim.
Er kann seiner Frau nichts erzählen.
Er schreibt alles auf:
»Wir bekommen einen Sohn.
Er soll Johannes heißen.«
Elisabet liest es.
Sie freut sich.

Der Engel kommt auch zu Maria.
Er sagt: Maria, Gott hat dich lieb.
Freue dich!
Du wirst einen Sohn bekommen.
Er soll Jesus heißen.
Er ist der Heiland für alle Menschen.

Maria geht zu Elisabet.
Maria und Elisabet erzählen sich alles.

Sie freuen sich auf die Kinder.

Elisabet hat einen Sohn bekommen.

Die Nachbarn wollen das Kind sehen.
Sie gratulieren.

Die Nachbarn fragen:
Wie heißt das Kind?
Zacharias schreibt auf ein Stück Holz:
JOHANNES.

יוחנן

Jetzt kann Zacharias wieder sprechen.
Er singt vor Freude:
Gott, ich danke dir!
Du liebst uns.
Du hast uns nicht vergessen.
Bald kommt Jesus, der Heiland.
Ich danke dir!

## Nachwort für die Erwachsenen

So vertraut uns allen die Weihnachtsgeschichte ist, so fremd sind uns manche Einzelzüge in den Geschichten, die ihr im Lukas-Evangelium vorangehen.

Die Geschichte von Zacharias und Elisabet erzählt die Geburt jenes Johannes, der später in der Wüste am Jordan als »der Täufer« auftreten wird, der auf Jesus als den Retter hinweist. Sein Vater Zacharias ist Priester und die Kinder werden es nicht ganz leicht haben zu verstehen, was er am Tempel in Jerusalem tut.

Der Tempel ist keine »Kirche«, in der sich die Gläubigen versammeln, sondern eine heilige Stätte: die »Wohnung Gottes«, in deren innerstem Raum, dem Allerheiligsten, man Gott unsichtbar gegenwärtig glaubte. Der Altar, auf dem Zacharias die Weihrauchmischung verbrennt, steht in dem Raum davor, in dem auch der siebenarmige Leuchter und der Tisch mit den Opferbroten aufgestellt waren, während die Tieropfer auf dem großen Opferaltar rechts vor dem Tempelhaus verbrannt wurden. (Das alles ist, um die Kinder nicht abzulenken, in den Bildern nicht dargestellt.)

In die Geburtsgeschichte des Täufers ist eine zweite Geschichte verwoben: Der Engel kündigt Maria an, dass sie die Mutter des Heilandes und Gottessohnes Jesus Christus werden soll. Das Thema der jungfräulichen Geburt des Erlösers wird im Bilderbuch nicht berührt. Die Kinder werden auch ohne das spüren, dass es mit diesem Kind etwas Besonderes auf sich hat. Wozu käme sonst der Engel? Wir Erwachsenen aber sollen wissen, dass die Erzählung von der Geburt Jesu durch die Jungfrau Maria ein Hinweis ist: Mit Jesus tritt jemand in unsere Welt, der nicht aus den Zusammenhängen dieser Welt zu begreifen ist, sondern unmittelbar von Gott kommt. Gott greift in einmaliger Weise in den Lauf der Dinge ein, um seinem Heil den Weg zu den Menschen zu bereiten.

Den Kindern fällt vielleicht auf, dass Maria keinen Mann hat. Sie ist zu diesem Zeitpunkt schon mit Josef verlobt, den sie dann (in der folgenden Geschichte) als seine Frau nach Betlehem begleiten wird.

Zweimal erzählt die vorstehende Geschichte von einer wunderbaren Geburt. Wir sollen zum Aufhorchen gebracht werden: Große Dinge bereiten sich vor. Nicht die Umstände der Geburt sind das eigentliche Wunder, sondern das, was Gott durch die Menschen, die hier geboren werden, tun wird.

Die Geschichte von Zacharias und Elisabet steht im Evangelium (der Guten Nachricht) nach Lukas in Kapitel 1.

Reihe: »Was uns die Bibel erzählt«

Im kleinen Format wie das vorliegende Bilderbuch sind folgende Geschichten erschienen:

4151 Jesus ist geboren
4152 Jesus und der Sturm
4153 Bartimäus
4154 Die Hochzeit in Kana
4155 Jesus ist auferstanden
4156 Zachäus
4157 Der barmherzige Samariter
4158 Jesus und der Gelähmte
4159 Abraham
4160 Josef
4161 Gott erschafft die Welt
4162 Der Auszug aus Ägypten
4163 Der Weg in das versprochene Land
4164 David wird König
4165 Der verlorene Sohn
4166 Ein Afrikaner wird getauft
4167 Jesus besiegt den Tod
4168 Zacharias und Elisabet
4169 Der Regenbogen (Arche Noah)
4170 Jona
4171 Die Arbeiter im Weinberg
4172 Jesus in Jerusalem
4173 Der zwölfjährige Jesus
4174 Rut
4175 Esau und Jakob
4176 Himmelfahrt und Pfingsten
4720 Jesus und seine Jünger
4721 Gott macht alles neu